A SON DE MAR

María José Mercader

CoLECCIÓN ITES

A SON DE MAR

© María José Mercader Serrano
© Fotografías interior y portada:
Pedro Ignacio Fernández
© de esta edición: Olé Libros, 2025

ISBN: 978-84-10053-63-2
Depósito legal: V-246-2025
Impreso en España

KALOSINI, S. L.
Grupo editorial olélibros
equipo@olelibros.com
www.olelibros.com

A mis padres

que hicieron poesía

sin escribir un solo verso

Si no fuera poeta
me gustaría ser pintora
y reflejarme en el lienzo
de tu noche y de tu aurora.

Si no fuera poeta
no tendría versos
que regalar al mundo,
pero sí un lienzo en blanco
para llenarlo de colores y matices,
y, así, gritar en silencio
todas las emociones
que a veces mis rimas
no me recogen.

PREVIO A ZARPAR

*Corto las ramas
que lastiman mi espalda,
descanso libre.*

TODO ESTÁ EN EL AIRE

la brisa, la bruma
y la vida con sus bailes.

A veces nos sentimos como gigantes
creyendo poder tocar el cielo
con la yema de nuestros dedos,
quedándose a nuestros pies
un mundo tan pequeño
que de buena gana
lanzaríamos bien lejos.

Pero no,
pues con sonido de chasquido
entre sus dedos
la cruda realidad
nos hace despertar de nuevo:

Todo está en el aire
todo
menos los sueños.

Llegará un buen día

que no hallaremos cartas
ni fotografías,
se acabó el romanticismo,
sólo digitalización y emoticonos
en el imperialismo de recuerdos
y emociones.

Llegará un buen día
que se nos olvidará
mirarnos a la cara
y descifrar lo que sentimos,
pues sólo tendremos ojos
para "La Gran Tecnología Avanzada".

Llegará un buen día
que una flor no represente nada,
y arrancarla de su jardín
se convierta en delito
y no sutil.

Llegará un buen día
que comer chocolate
quede prohibido,
no vaya a ser
que nuestra silueta engorde
y nuestro bolsillo quede tan flaco
como galgo extenuado en cacería.

Llegará un buen día
donde los peces dejen
de tener vida,
ya se encargó el «ser humano»
de contaminarle con sus fábricas
y sus intereses creados.

Llegará un buen día...

¿o no?

DECEPCIÓN

Hace algún tiempo que sé
con quién puedo
y no puedo contar
cada uno de los dedos
que forman mis manos
cuando ellos se quiebran
y caen.

Hace algún tiempo
que dejé de soñar
con los cuentos de hadas,
con sus príncipes
y princesas de porcelana,
con mariposas de colores
revoloteando sobre ramas
de frondosos y verdes bosques
marchitos y soñadores.

Desperté de repente,
casi sola,
en un oscuro y frío lugar
donde las horas ya no existen,
fueron devoradas por los minutos.

Se acabó la calma de un segundo.

AGUA Y TIERRA

Me gusta escuchar
cómo habla la lluvia,
pues todo se vuelve silencio,
todo menos sus hijos,
estruendo de voces,
ecos y mil gritos.

Me gusta el aroma
que desprende y nos regala
al fundirse con la piel de la tierra,
ella también nos habla,
pero de sequía,
desierto y brasas:

*—Yerma seré si no me cuidan,
si un día, nadie me abraza—.*

MAREA INCANDESCENTE

Tus manos se hicieron agua
a los pies de la bahía,
te asaltaron los miedos
en una marea incandescente
de dolor, rabia y rebeldía
por conseguir unos sueños
que se escondían más allá
de una tierra fronteriza
y te robaron tus ilusiones
enterrando para siempre
tu mirada inquieta
y tu sonrisa eterna,
pero el futuro
siempre incierto
se mece sereno
ante los ojos
de un nuevo mundo.

MUTILADA

He perdido el verde de mis días
mutilada entre la brisa apacible
de un paisaje que no me corresponde,
he perdido mi tallo, mi raíz y mis espinas,
y tan sólo abrazan mis estambres
unos pétalos carnosos de un rojo carmesí
que como suntuosos labios ardientes
buscarán un nuevo amor con frenesí.

He quedado desterrada y a la deriva
bajo el influjo de una nube solitaria
y sobre una tierra yerma y amarilla
donde sólo se vislumbran
dos cuerpos en perfecta armonía,
a ellos y a mis sombras
yo les grito:

—¡Ni me rindo, ni me hundo!,
mas encontraré un frondoso jardín
que acurruque mis sueños
y me acepte mutilada
en cuerpo e intenciones,
pues mi alma está sedienta
de nuevos requiebros,
de nuevas emociones—.

Si...

Si la tierra en la que habitas ya no te da sus frutos
dulces y carnosos que antaño se deshacían en tu boca,
si el terreno se convirtió en hostil y pedregoso
en una ciénaga de barro o en arenas movedizas,
si la esperanza de encontrar un pequeño oasis
en medio del desierto es sólo una utopía, no lo dudes,
pon tus pies en polvorosa, mereces otro hogar.

Y no temas el camino que te ha de llevar a otras tierras,
pues, como dijo un gran Poeta:

"... el camino se hace al andar ...".

HIBERNA

Se deshace el hielo
despúes del frío
e inerte invierno.

Los niños vuelven a llenar
la primavera y su recreo.
Las margaritas brotan alrededor
de campos de amapolas
y girasoles sedientos de sol
voltean los tallos a su encuentro
dando la bienvenida al verano
con sus amores
y juegos vacacionales.

Mientras tanto,
el viento airoso hiberna
hasta el próximo otoño.

CRINES SALVAJES

Nunca camines
sobre las huellas
que dejaron tus pasos,
sólo son cicatrices,
nostalgia y barro.

¡Agárrate a las crines
salvajes de la vida
y vive!,
pues el ayer ya es historia,
experiencia y olvido;
y el futuro...
un funambulista
en continuo equilibrio
sobre la imprevisible
cuerda floja.

EN CUBIERTA

El sol amaneciendo
pinta de coral
los sueños e ilusiones.

ESCLAVOS

Una angustiosa brisa
azota en mis viejas fronteras
aroma hostil y perpetuo
donde candados y cadenas
nos convierten en esclavos
de irrompibles barreras.

La luna acecha en mis noches,
rival sequía sin tregua,
ella implacable en su mirada,
yo: me columpio en las estrellas.

ME PIERDO

en el azul de tu horizonte,
en la sal de tus besos,
en el rugido de tus días de tormenta
y en el abrazo eterno que me brindas
todos los veranos de mi vida.

Me pierdo
en la niña que lloriquea
cuando una lengua marina
engulle sus castillos de arena,
en la cometa de vivos colores,
en el surfista, en el pescador
y en el barco de vela
que se bambolea airoso
como ya lo hicieran
fenicios, griegos,
tunecinos y romanos.

Me pierdo
en el olor
de una parrillada de sardinas,
en el sabor
de un sorbete de limón,
en la música
que suena de fondo
y en tantas,
y tantas, puestas de sol.

Me pierdo
        entre mi cuna
y mi infancia,
        mi juventud
y tu ternura;

        y un día, aún lejano,
mis huesos
        convertidos en cenizas
se perderán para siempre

        bajo el vaivén de tus olas.

Una dulce melodía

Tus manos envuelven
una dulce melodía
al acariciar pausadamente
las teclas de la vida,
unas veces blancas
y otras negras,
de ello dependerá
su rítmico compás
y su belleza extrema.

Es posible que para algunos
tus notas sean discordantes
y a un tiempo descompasado,
pudiendo sonar tan chirriantes
como las bisagras de una vieja puerta,
pero será una pieza clave en tu obra,

pues tú y solamente tú
eres el gran compositor de tu historia.

La felicidad

                es caminar al lado de alguien
que sepa escuchar tus silencios,
que decore tu vida
con pasión y ternura,
que si hay que bailar: baile,
que si hay que llorar: llore,
que si hay que gozar: goce;
que tenga los brazos tan largos
como el inspector Gadget,
pues, aunque abrazar es gratis,
es un bien bastante escaso.

La felicidad
        es saltar el socavón
de los complejos y los miedos
que tan a menudo se nos adhieren
a nuestro cuerpo
como una segunda piel.

La felicidad
        es el dulce piar
de la primavera deslizándose
por mi ventana una vez más.
La danza inquieta de las piedras
en el camino de la vida.

Mis pies descalzos
junto a los tuyos
sintiendo la calidez del hogar.

La felicidad
        es el festín
de mis papilas gustativas
tras devorar un rico manjar.
La sonrisa del sol
capaz de convertir el lunes
en el mejor día de la semana
y un sinfín de banderas blancas
desfilando al son de la paz.

La felicidad
        es no rasgarse las vestiduras
por nada ni por nadie
conjugando a la perfección
los verbos *amar*, *perdonar*
y *agradecer*.

Más de dos dedos de frente

Él tenía pelo, se veía guapo,
sin complejos, pero con abuela.

Ahora dice verse feo, calvo y viejo,
ahora que ya no tiene abuela.

Yo le veo más o menos como siempre,
eso sí, con la línea curva más marcada
y con más de dos dedos de frente.

Oda a la tortilla de patatas

¿Hay algo más placentero
culinariamente hablando
que un bocadillo
de tortilla de patatas?

Da igual donde lo comas:
en la playa, en el campo,
en tu casa o en el trabajo,
pues te sabrá a gloria
      y bendita.

Para algunos será vulgar,
prefiriendo tomar ostras
o un buen caviar,
pero si tengo que elegir
me quedo con el bocata
aunque directamente
a la panza se me vaya.
Si además lo acompañamos
de unos pimientos verdes
ya no es placer ni antojo,
es pecado,
      pero venial.

CAMAROTES

*El viento azota
tu mirada esquiva
mi paz se pierde.*

Sueñas

Soneto en soledad
en el vacío de tu aposento
donde ya no duerme la aurora
ni descansa la cobardía.

La noche de nuevo
un callejón sin salida
donde los recuerdos
despiertan en rebeldía
avivando el incendio
de los temores.

Saludas a la luna
las estrellas te sonríen
su aroma sereno te mece
duermes, sueñas, vives.

Un sueño

Dormir a pierna suelta
sin preocuparme el ademán de los surcos,
ni el laberinto, ni el hilo, ni el minotauro.

Dormir a pierna suelta
y soñar sin arrebatos que todos los días
son cálidos y apacibles,
y despertar ovillada entre tus brazos
sintiendo el éxtasis
de los cuerpos entrelazados.

Dormir a pierna suelta
y seguir soñando
que el amor existe
y que la paz despierta:
¡catarsis de un mundo vano!

La luna y el sueño

Luna inmensa
que me acunas
en el mar de los sueños,
cántame una nana
arrópame con tus estrellas
susúrrame bajito algún te quiero
y apaga la luz de tu mirada
pues ya...
      me estoy durmiendo.

TIEMBLO

cuando tus hojas caen
y rozan mis ramas,
cuando tu espesa niebla
se posa en mi escarcha.

Tiemblo,
cuando tus ocres inundan
mi verde paisaje,
y el sendero de la vida
se convierte entonces
en un valle que renace
tras el letargo del verano,
y que volverá a dormirse
en brazos del invierno
arropado por su blanco
y tierno manto.

Oda a mis gafas

Este par de gemelas
son mis guías más cercanas
cuando las letras se convierten
en una hilera de hormigas sin rumbo
y los números en un baile continuo
de trap o reguetón urbano.

Siempre tendréis el apoyo incondicional
de mis pabellones auriculares
y de mi apéndice nasal,
mas prometo cuidaros y seros fiel
hasta que las dioptrías nos separen.

Espejito mágico

Riéndote de mí cada mañana
se deshoja el calendario.
Me miras a los ojos de frente
y escucho tus burlas a carcajadas
en cada arruga nueva,
en cada cana que asoma
por la raíz de mi cabellera;
también te ensañas con las líneas
verticales que acompañan mi sonrisa
hace más de una década
y con los surcos de mis ojeras
aunque la noche
        no haya sido en vela.

¡Ay, espejito mágico,
abre bien tus reflejos!
Y entérate
de una vez por todas:
—¡a mí, nadie me ningunea!—,
Y además, no conseguirás
hundirme en la miseria,

pues, aunque los años pasan
dejando sus marcas, su estirpe y sus secuelas,
también nos regalan:
        la esencia y su solera.

COMPAÑERA DE SUEÑOS

(A mi almohada)

Recopilas mis sueños
(también los oníricos),
recaudas todas mis decisiones
(incluso las menos acertadas),
te llevaría conmigo a todas partes,
pues tus sustitutas nunca están a tu altura
quejándose, don Esternocleidomastoideo,
cada vez que tú de mí te alejas.

Compañera de sueños,
de noches y siestas,
apoyo primordial de mi sesera,
no sabes cuánto te echo de menos
cada vez que tengo que dormir
fuera de casa.
                    ¡Te almo, mi hada!

REBELIÓN EN MI CABELLERA

Algunas de las ondas que forman mi cabellera
a menudo se rebelan, quieren ir por libre,
no dejándose hacer lo que yo quisiera
hacer con ellas;
y, como si hubiesen conspirado
toda la madrugada,
el motín sucede cuando el despertador
redobla las campanas,
tomando las riendas de mi sesera
como si el león de la Metro-Goldwyn-Mayer
se hubiese reencarnado en ella.

El espejo se ríe de mí y me vocifera:
¡Ahora, a ver cómo te peinas!

ESPERÁNDOTE

Me quedé esperándote
con el sol amaneciendo
en mi ventana,
y la aurora llorando
en mi desgana.

Me quedé esperándote
en la soledad de un nuevo día,
vertiendo rosas blancas
sobre una mar enfurecida.

Me quedé esperándote
y en tu ausencia te perdiste
a qué huelen mis ocasos
y a qué saben mis despertares.

Me quedé esperándote
y ahora desayunas tus ayunas
con periódico en mano
y sin margaritas amarillas
decorando tus mañanas.

Color afrutado

(Poema abstracto)

Cuando los caballos sean alados,
cuando las ranas dejen de tener ancas,
cuando las mariposas vuelen libres
más de una sola primavera,
cuando los perros vivan cien años
y el ronroneo de los gatos
se convierta en un baile de moda,
entonces yo pisaré tu luna
sobre una alfombra de estrellas fugaces
y bajo un manto de cuerpos celestes
de un intenso y luminoso
color afrutado.

OLVIDADIZO

Se le olvidó hablarle a la flor de la pasión,
mirarla,
regarla con palabras de amor
y ella se fue marchitando
hasta decir adiós.

Se le olvidó que la vida son dos días
y uno de ellos lo gastó
buscando el mundo en su ombligo.

Se le olvidó que ella también se cansaba
de llevar su cruz, pero, en vez de tirar la toalla,
se aferró fuertemente a su rizo
como si de un albornoz se tratara.

Más allá de él

Hay vida más allá de él:

En las piedras que acompañan
    la arenisca de los ríos.
En las olas gigantescas que embravecen
    por el fuerte viento de levante.
En la improvisación de una flor que brotó
    cuando aún no le correspondía.
En el apareo de los insectos
    tras el cobijo del invierno.
En las nubes que forman borreguillos
    anunciando la proximidad de la tormenta.
En la cara de un payaso que sonríe
    a pesar de su tristeza.
En las fosas comunes
    y no comunes
de los asesinados
    por ideologías disidentes.

DELEITE

     de placeres y dulces sabores:
miel, canela y naranja
que al pasar por mi garganta
despiertan un millar de sensaciones.

Deleite de pan recién hecho
y del despertar cada mañana
sintiendo que el sol
     aún nos acompaña,
unas veces de amarillo chillón
y otras...
     de rosa asalmonado.

AMOR PAUSADO

Amanece,
y observo tu cuerpo dormido.
Sigues siendo fuerte, casi más
que cuando empezaste a ocupar mi vida.
Ya no somos tan jóvenes,
pero nos seguimos amando
en el regocijo de una vida estimable,
tranquila e insospechadamente
 tentadora y fluida.
Tu piel morena y bronceada
me chilla a gritos que el período estival
va muriendo en su frontera,
retornando a días de calor disminuido
hasta que el invierno llame de nuevo
soberbio, fuerte y desinhibido
sobre los cimientos de un otoño
ya desvanecido.

Ahora,
el contraste de tu piel con tu pelo cano
me hace presagiar un futuro, aún lejano,
de niños decorando nuestra playa
y con un mar tranquilo
equilibrando lo alcanzable.

Despiertas
        y, entonces,
eres tú
        el que me observas.

POR EL OJO DE BUEY

(Recordando la pandemia)

*Faro encendido
guiando tempestades
a buen refugio.*

Abril llueve

          al caer la noche,
los álamos acampan en su soledad
junto a la nieve que ya no existe,
se hizo barro.

El viento árido y frío duele,
dejando huellas en las cornisas
mientras la luz parpadea
antes que decline el día.

La paz no volverá a mis ojos
ni a los tuyos,
hasta que las sirenas
y el toque de queda
se rindan para siempre.

El rojo en nuestros labios

Se nos olvidó
el color rojo en nuestros labios,
la serenidad que otorga
el abrazo de un amigo,
los sonoros besos
de tías y abuelas,
la chiquillería vociferando
en parques y calles adyacentes,
las partidas de mus y dominó
disipando soledades,
la vulnerabilidad del ser humano
por muy fuertes
y sanos que seamos,
y se nos olvidó también
el gran esfuerzo que todos hicimos,
esfumándose en un mínimo
espacio de tiempo,
tan rápido, tan rápido,
como la gaviota alzando su vuelo.

El ancho mar de los miedos

El vaivén de las olas
mece sereno
el barco de la vida,
la esperanza y la fe
nunca deben hundirse
en el ancho mar de los miedos
aunque éste no siempre
se vista de azul.

Desolado Toledo

Ciudad fantasma, qué triste estás,
ahogada hasta el alba en tu soledad.
Helada me siento al verte tan vacía,
sola, casi inhóspita,
y me cuesta reconocerte
con tu mirada ausente
entre farolas que sí amanecen.

Tan sólo el canto de algún jilguero
acompaña a las sombras
de tus grandes y bellos monumentos,
y hasta las piedras en ellos
aparecen frías y sombrías
en este eterno invierno
que nos ha tocado vivir,
pero empiezan a brotar esquejes
anunciando con sigilosa voz
que volverás a ser la de siempre
cuando la tormenta escampe
y la vida vuelva a ser la de antes.

CARPE DIEM

—*Te espero sobrio junto a la vid*
curtiendo mi cuerpo de aromas
en barrica de roble madera,
aunque escapar de esta cárcel
es lo que realmente deseo
para emborracharnos de mil sensaciones
entre tu boca y mi aliento,
no pienses en la resaca de mañana
ni en las lenguas envidiosas y viperinas
que escupirán todo tipo de maldades
aunque digan ser tus amigas,
tú piensa sólo en el hoy
y disfruta del momento
antes que las hojas del vil calendario
me conviertan en un agrio, ácido
y espeso caldo—.

Le dijo el vino a su amada.

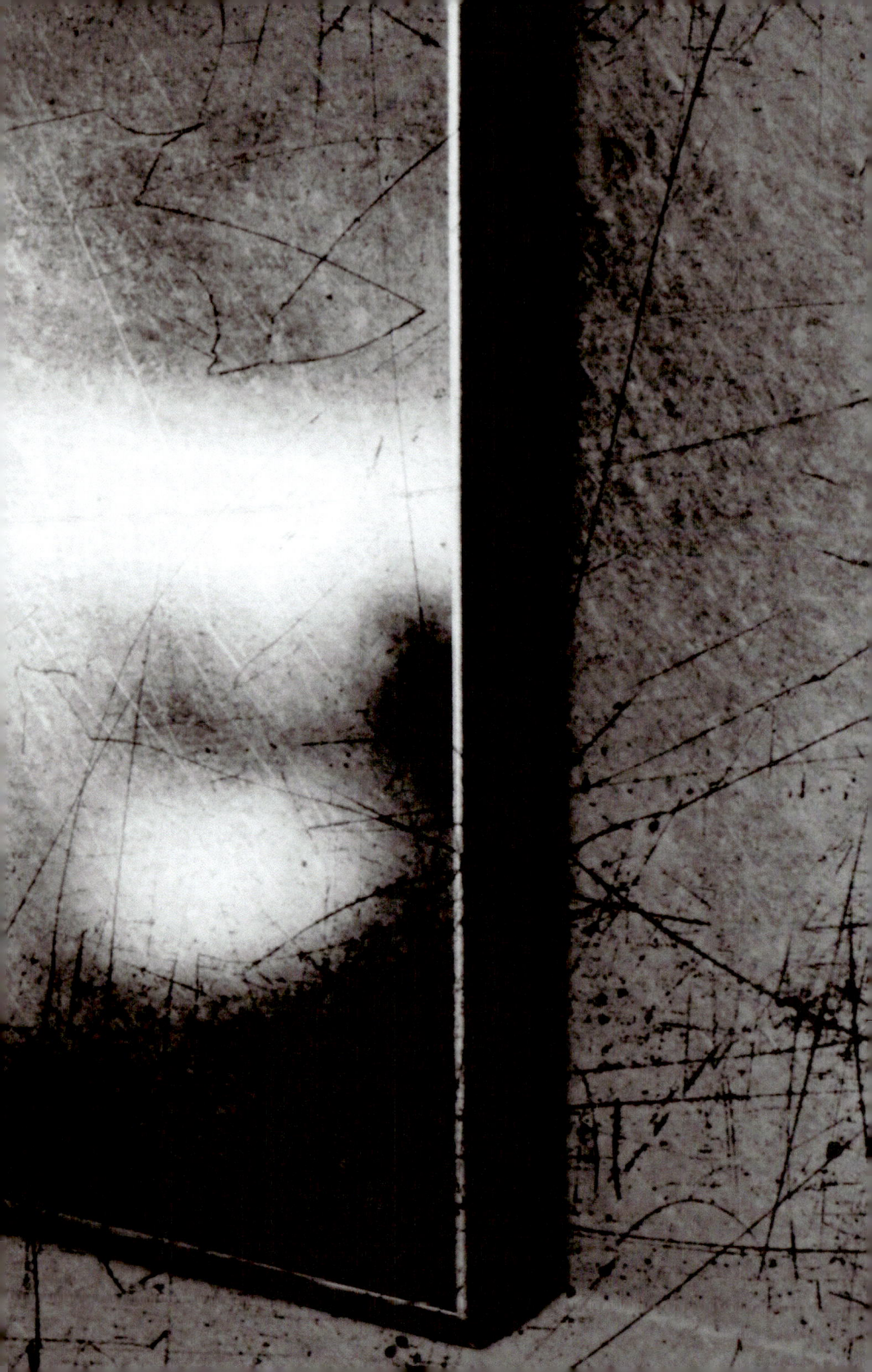

La muerte siempre presente

Cuando la muerte viene
pisando fuerte los talones
de uno mismo o de un ser querido,
de nada sirve batirse en duelo
con el destino, y no es vorágine
hacia el suicidio
prolongar una estéril agonía,
es sólo admitir
que el ciclo de la vida
toca a su fin,
para volver a ser éter
o aquello que fuimos
antes de nacer;

y en la vida siempre presente la muerte,
y en la muerte siempre presente
lo que hay tras ella o deja de haber.

EN TIERRA

En tierra vivo,
pero a son de mar siento,
amo y sueño.

CIUDAD NATAL

(A Cartagena)

Una parte de mí
sigue floreciendo
     en los jardines de Cavite,
donde las olas del mar descansan
junto a su puerto milenario.

Cuando paseo por sus calles
siento la caricia de la brisa en mi faz,
     el abrazo de las siete colinas,
la protección de la muralla,
la voz armoniosa de sus gentes
     y su inconfundible olor a mar.

Allí está mi cuna
y allí duerme para siempre
     mi primer hogar.

Viento de levante

Cuánto te echo de menos,
tus alientos están llenos
de mis primeros andares,
amortiguadas mis caídas
por la arena blanca y fina
que acompaña a tus mares.

Testigo siempre fuiste
de mis idas y venidas,
de mis andanzas de juventud
por la alegre bahía.

Hoy vives en mí y en mi recuerdo,
aunque de vez en cuando te abrazo
sintiendo el azul y el salitre de nuevo,
envolviéndome en tus mares,
en mi niñez, en mis padres,
en una infancia que voló
cuando simplemente
quise ser yo.

La reina de los mares

(A mi madre)

Buceo por los mares del pasado
y encuentro peces de colores brillantes,
y corales de azules y rosados,
lo recuerdo como un cuento
quizás semejante al de la Sirenita,
pero con la ausencia de Poseidón,
que a pesar de tener bien afilado su tridente
un gran monstruo marino lo devoró.

Pero la Reina de los Mares,
valiente, bella y generosa,
nos enseñó a luchar
contra las desafiantes olas
a las que Elio soplaba sin cesar.

Pasaron los años, y un triste día
la Reina de los Mares se hizo sal,
su legado, mi doctrina:

      —Haz el bien incluso a ti misma.
      Disfruta del hoy en medida de tus posibles.
      Lucha siempre por tus sueños,
      pues el que no se arriesga no cruza la mar,
      pero sé prudente y no des nunca
      una brazada a destiempo.

Mantente a flote, aunque estés con el agua
hasta el cuello, y si vas a hundirte no desesperes,
coge aire hasta henchir tus pulmones
e impúlsate con todas tus fuerzas
hacia la corriente que mejor guíe tu bucear,
pues siempre habrá alguien con quien compartir
las aventuras y desventuras
del maravilloso fondo del mar—.

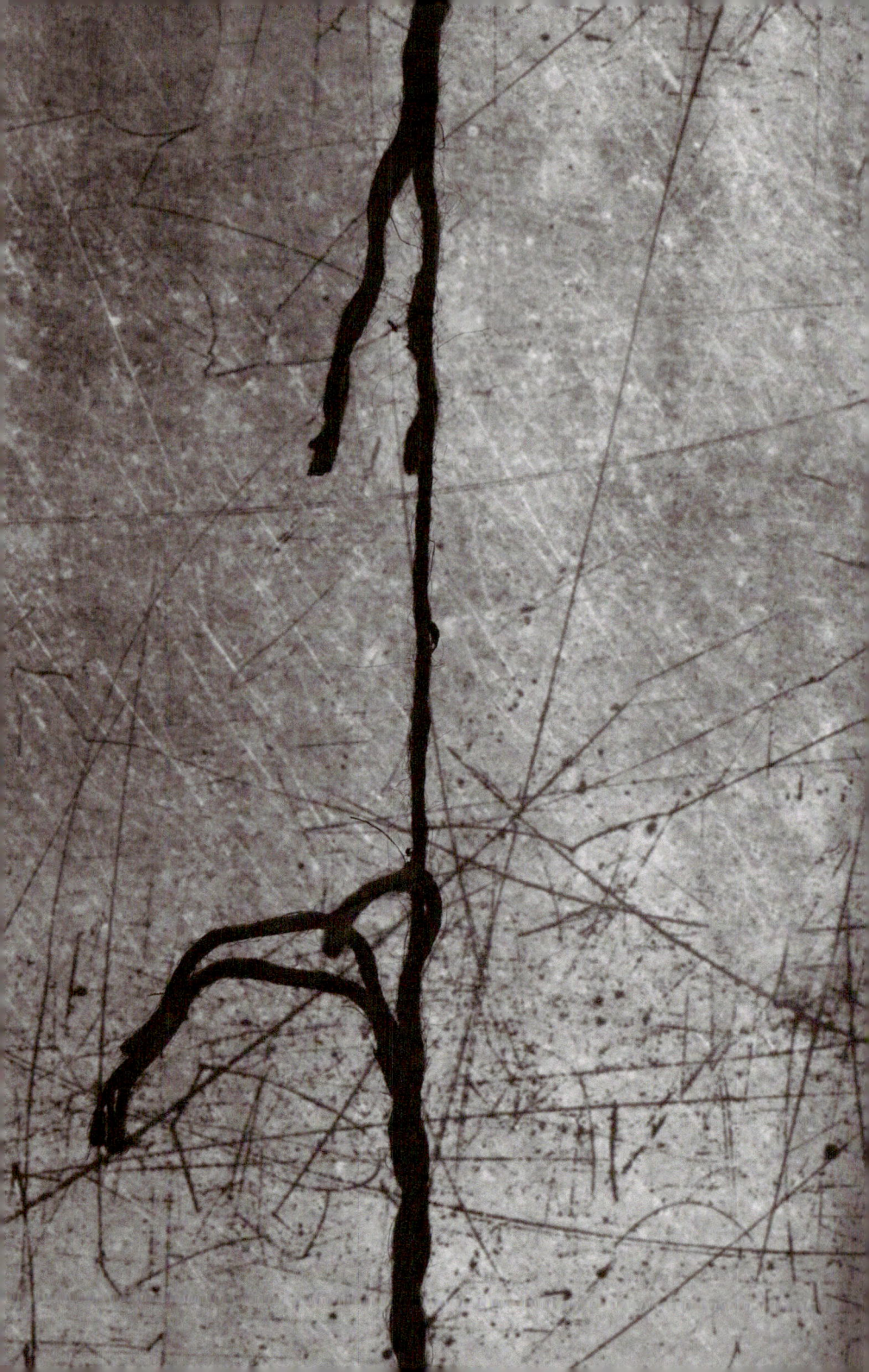

EL NIÑO MINERO

(A mi bisabuelo)

El niño minero
trabajaba de sol a sol
sin sentir el calor
del astro amarillo,
enterrando su vida
a golpe de martillo.

El niño minero
se ahogaba entre piritas,
oro mentiroso
que convirtió sus pulmones
en piedras de metales
no preciosos.

El niño minero
tuvo que abandonar
demasiado pronto la escuela,
aprendiendo a no sentir miedo
cada vez que el candil se le apagaba,
pues siempre encontraba compañeros
para iluminarle el oscuro
y abrupto camino
hacia la esperanza,

*la esperanza
de una nueva España.*

LÁGRIMAS DE SANGRE

Lloraron lágrimas de sangre
por una patria que caminaba sin rumbo
revuelta en senderos toscos y volátiles,
embriagada en pestilentes aromas
donde las jornadas se emborrachaban
con un aire gris e irrespirable
que sólo olía a discordia.

El vino se tornó agrio como el vinagre
y el pan tan negro como una noche fugitiva
sin luna ni estrellas.

Los cuerpos cayeron en tropel
y las almas de los que sobrevivieron
también lloraron lágrimas de sangre,
quedando mudas en sus pensamientos
durante mucho, mucho tiempo.

ÁNGELES SIN PRISA

(Abstracto II)

El cielo se embriaga
de animales alados
de múltiples cabezas,
inmensas colas batiéndose
en un juego de duelos,
fiereza en sus rostros
devorándose en vísceras
bajo el cerco de una luna
clara, gigante y bella.

Cuando el sol amanece
toca a su fin la batalla
descendiendo a la tierra
como ángeles sin prisa
que han perdido sus alas,
sus cabezas, sus vísceras,
ya no son alimañas,
· sólo tuétanos y cenizas,
espesa sangre negra
sobre el tapiz de la vida.

Un amor para siempre

Te conocí en la escuela,
aunque en ese momento
no te presté demasiada atención,
no comprendía bien
las cosas que me contabas,
pero al llegar al instituto
y encontrarme de nuevo contigo
caí rendida en tus brazos,
fue tu luna y tu Romancero,
sus historias de amor,
desamor y celos,
los mismos que yo sentí
cuando tú te la llevaste al río
creyendo que era mozuela,
pero no te guardé rencor
y quise abrazarte fuerte y lento
más allá de las cinco de la tarde
cuando la plaza se quedó en silencio
y la arena se tiñó de sangre.

El sufrimiento de Yerma,
la rebeldía de Adela
y aquella trágica boda
me unieron a ti para siempre
en cada verso que tú me regalabas
de Nueva York
        a Granada.

No quiero hablar de tu muerte,
pues me entristece
y me llena de rabia,
sólo quiero agradecerte
con esta humilde carta
que si hoy escribo algo
es porque encontré
poesía en tus palabras.

POR LA PUERTA MÁS GRANDE

Hay puertas que no necesitan llave maestra,
sólo depende de ti y de tus circunstancias
que se mantengan cerradas o abiertas.

La puerta de la paz y la guerra
la del amor y el desamor
la de la alegría o la pena
la de la diversión o el tedio.

Sal siempre por la puerta más grande
y enrédate con la vida
en cada baile que ella te brinde,
puede que el espectáculo no sea lo esperado,
pero será arte, al fin y al cabo,
mas lo importante es no perderte ningún baile
que valga la pena ser gozado,
y, si un día la puerta más grande se atasca,
sal por otra más pequeña
o por una ventana si no hubiera otra artimaña
de llegar hasta el vals de tus sueños.

VOLAR

Deciden alzar su vuelo
haciéndonos sentir así
un poquito más viejos,
invadiéndonos un miedo
como si volar consistiese
en un triple salto y mortal.

Volar
hacia la inmensidad del océano
hacia altas y rocosas colinas
hacia el oasis del universo
hacia las olas que vienen y van.

Volar
hacia bosques salados
hacia lagunas doradas
hacia noches sin fin
repletas de estrellas
y de lunas nuevas.

Volar con vuelo alto
como nosotros ya hicimos,
volar,
      volar,
            volar.

HABITA EN MÍ

Su ausencia habita en mí
y la casa calla con desgana
en una mañana que despierta
sosegadamente inquieta.

Su habitación duerme en silencio
cada uno de mis desvelos,
y en sus libros y en sus cuentos
se envuelven todos los recuerdos
de una infancia que se fue,
pero que aún, habita en mí.

ANHELO

Cuando la prisa apremia
por el paso de los años,
vuelvo a sentir la primavera
como si fuese joven de nuevo,
añorando a ese primer amor
que me hizo llorar, reír y soñar
cuando éramos tan sólo
principiantes en el juego de la vida;
creíamos en la eternidad de las cosas,
en la inexistencia del gris
sobre el blanco y el negro,
en la perpetuidad de los aromas
y en la melodía acompasada
y siempre con final feliz.

Pero, aunque a veces anhelo
esos años de juventud pasada,
de inocencia y de primeras andadas,
hoy no los cambio por la madurez
y la certeza que poseo,
pues por fin he aprendido
a decir: ¡no!, sin prejuicios,
a sacar de mi vida a quien nada me aporta
y a escoger bien la gama de colores
para pintar mis propios paisajes,

el gris, ya nunca lo elijo.

¿DÓNDE ESTÁ LA VERDAD?

(Reflexión)

¿En la moraleja de los cuentos
contados por nuestros mayores
al filo de un profundo sueño?

¿En la frase célebre de algún sabio
que se atrevió a expresar
lo que otros fuimos
incapaces de analizar?

¿En las brujas no brujas
quemadas vivas por irreverentes, herejes
o simplemente por nadar contracorriente?

¿En los libros convertidos en cenizas
por miedo a que su contenido
pudiese provocar una rebelión entre las masas?

¿En el pensamiento disidente de los encarcelados,
ultrajados, torturados y asesinados
por Gobiernos opresores e intransigentes?

¿En la obra de un artista
que exhibe con tímido pudor
lo que su inconsciente nos quiere mostrar?

¿En las mujeres y los hombres de la ciencia
que consumieron sus noches y sus días
en hallar algún bien para la humanidad?

¿En los que vivieron pacíficamente en comunas
haciendo el amor y no la guerra
bajo su famoso lema: «Peace and love»?

Encontrar la verdad
es el sentido de nuestras vidas.

ÉL NO LO SABÍA

(A Jesús Mazaira)

Él no lo sabía, pero ya pintaba
sobre el lienzo en blanco y negro
de cada paciente que le necesitaba.

Él no lo sabía, ni se lo imaginaba,
que, tras aprender una técnica
quirúrgico-respiratoria
de otro Grande de la Medicina,
devolvería y a grandes pinceladas
la luz, la esperanza y la alegría
a quien sólo encontraba oscuridad
en el nuevo boceto de su vida.

Él no lo sabía,
        ¿o sí?,
sus pacientes y sus familias
le adoraban, era el Jefe de Interna,
pero parecía uno más de la cuadrilla.

Gracias por tanto color
y tanta belleza regalada
en un pasado aún cercano,
y gracias hoy
por tantas imágenes en presente.

EL ÚLTIMO PAISAJE

Desde mi ventana te observo,
Álamo Frondoso de grandes ramas,
de verdes y turgentes hojas
danzarinas al ritmo
de la suave brisa de mayo.

Desde mi cautiverio
no alcanzo a ver tu torso,
lo imagino robusto
con multitud de corazones
tallados en tu piel
bajo el efecto euforia
del quinceañero amor.

Mi vida se acaba, no hay espera,
malgasté muchas horas,
pero a ti, Álamo Frondoso,
aún te quedan otoños
para escupir lo viejo
y muchas primaveras
para bailarlas todas
y ser el cómplice de Cupido.

Tú serás
    el último paisaje
que verán mis ojos.

MI CUERPO SERÁ CENIZAS

Cuando yo muera
mi cuerpo será cenizas,
pues así lo he decidido
y no sé dónde iré a parar.

Si me esparcen
(ya sé que está prohibido),
tendré un nuevo soplo de vida
aunque sólo sea por unos segundos,
por ejemplo, posándome suavemente
sobre las olas del mar,
eso sí, sin importunar a nadie,
no vaya a ser que algún pez
sienta que invado su espacio.

Otro destino interesante
sería la sierra o la montaña,
pudiéndome dejar caer
sobre el doble techo
de una gran tienda de campaña
y disfrutar así con otra familia
de las últimas vacaciones
de mi «vida».

También podría llegar a lo más alto
de una enorme y bonita cometa blanca
y disipar desde allí un nuevo horizonte.

Dejando al margen mis fantasías
quizás la opción más cabal
sería dormir eternamente en un jardín,
junto a un rosal,
pues las flores visten mucho
y a mí siempre me sentaron genial.

Eso sí, el tema de la fotosíntesis
correría de mi cuenta,
que yo no quiero dar problemas
y muchísimo menos...

después de muerta.

ÍNDICE